Pensées éparses
d'un rabat-joie

www.maxmilo.com
ISBN : 978-2-315-00508-6

Abel Castel

Pensées éparses d'un rabat-joie

Max Milo

À la mémoire de
Germaine Castel

L'AMOUR

Ils ont bien de la chance,
les enfants :
ils plaisent aux femmes.

Humble pêcheur
Ah ! Puissé-je retenir une seule
de toutes ces belles passantes
que le courant emporte !
J'ouvre les bras,
qu'elle s'y prenne.

Plutôt que de vouloir
la mort du pécheur,
guérissez le mâle par le bien.

L'amour, comment l'amour ?
Quand celles qui vous attirent
vous repoussent.

Je voulais
collectionner les dames.
Je collectionne les échecs.

Sortir en célibataire,
c'est partir en pique-nique
sans emporter de provisions.

« J'aimerais tant sortir
avec vous ! »
comme dit un jour, à Nantes,
un prisonnier
à sa belle geôlière.

Le Grand Soir,
par centaines, garçons et filles,
- comme carottes et petits pois -
se pressent dans des boîtes...
Mais qu'importe le flacon,
pourvu qu'on ait l'ivresse ?

Pauvre Prince Charmant !
Après le surgelé
(la Belle au bois dormant),
les conserves :
les filles en boîte.

Non contentes
de nous faire marcher,
voilà qu'elles veulent
nous faire danser !

Mes largesses
contre vos rondeurs.

Je leur ferais volontiers
la bise sur les deux joues,
mais il y a loin
de la croupe aux lèvres.

Mauvais garçon,
mauvais coucheur,
je suis de tous
les mauvais coups :
je fais l'amour quand
personne ne veut le faire.

D'autres tombent
les femmes ;
moi, je les ramasse.

L'amour aussi a ses indigents,
ses nécessiteux.
Ceux-là sont dans le désir
comme d'autres
dans le besoin.

Ma vie est un *no woman's land.*

Je me prends à rêver
- incorrigiblement -,
quand l'une d'entre elles
vient à me dire sans
préambule :
« Je suis à vous
dans un instant ! »
qu'elle va fermer la porte
sur les derniers clients,
estomper la musique,
tamiser les lumières,
et bientôt s'éclipser
pour m'apparaître enfin
dans un déshabillé arachnéen.

Sauf-conduit
Je ne demande pas la faveur
de leurs faveurs,
ni leur bienveillance,
ni leur sollicitude ;
mais leur agrément,
un accord tacite,
un laissez-passer,
la permission de pénétrer
en zone neutre,
de transiter par leur territoire
pour gagner mon plaisir.

L'amour n'est pas tant *inspiré*
par l'être aimé
qu'*expiré* par l'être aimant.

Argent, orgueil, amour…
trop souvent mal placés.

L'amour, le grand amour,
l'amour unique,
est, par-dessus tout,
un investissement
de mère de famille.

Elle et moi
devant la télévision,
et le poète me soufflant :
« S'aimer,
c'est regarder ensemble
dans la même direction. »

Amantillages
Les amoureux,
ils s'embrassent
à tout bout de champ
comme pour se tirer
les mots de la bouche :
les mots doux qui ont encore
un peu de mal à sortir ;
avant les mots durs
qui sortiront bien tout seuls.

Elle m'a ouvert son cœur
fébrilement, précipitamment,
sans même prendre le temps
de dégrafer son corsage.

Reprenez-moi
si je vous trompe !

Petit taureau furieux
Prenez garde au cocu,
il est très susceptible :
il a la corne sensible.

Dès le premier soir,
elle m'a trompé…
sur la marchandise.

Où que l'on soit,
on aime toujours ailleurs.

Elle m'a dit :
« Monsieur,
je ne vous retiens pas ! »
et elle m'a oublié.

Elle a rompu bien plus vite
qu'elle n'avait cédé.

À peine avaient-ils posé
le pied sur la lune de miel,
qu'il leur fallut
redescendre sur terre.

Elle et moi, à dire vrai,
nous n'avions que
les transports en commun ;
et nous voici au terminus.

Pour elle,
je fus l'amant prodigue,
pour elle, je me suis ruiné…
Pour qu'enfin elle me dise :
« Tu n'as jamais compté
pour moi. »

Didon et Énée,
Roméo et Juliette,
Paul et Virginie…
Petit amour deviendra grand
pourvu que Dieu
ne lui prête pas vie.

L'homme, le sexe faible
Je l'aime
de toutes mes faiblesses.

Je ne tiens pas seulement
à elle,
je ne tiens qu'à elle,
comme on ne tient qu'à un fil.

Si elle ne m'avait pas,
je ne sais pas
ce que je deviendrais.

Je n'imagine pas
la vie sans elle…
Il est vrai que je n'ai guère
d'imagination.

LE PASSAGE À L'ACTE

Main verte
Madame,
il y a la cour et le jardin.
La cour,
nous vous l'avons faite…

Une fois qu'on a fait l'amour,
que devient-il ?
Est-ce qu'on le jette
comme un préservatif usagé ?
Est-ce qu'on le range
soigneusement dans le tiroir
de la table de chevet ?
Ou va-t-on l'accrocher
au-dessus de la cheminée,
comme un bon
et vieux souvenir ?

Si l'amour était éternel,
on le ferait
une fois pour toutes.

On a beau faire,
l'amour reste à faire.

Il a la préoccupation majeure
des hommes d'un certain âge :
l'allongement de la durée
de vit.

D'impuissance,
il laissa tomber son sexe.

Ah ! la femme !... la femme !
Merveilleux,
délicieux instrument
pour qui sait en jouer,
qui sait en faire vibrer
les cordes sensibles !
Véritable stradivarius
sur l'épaule des Paganini
de l'amour !
Mais moi, misérable violoneux,
je n'ai jamais été fichu
d'en tirer que des grincements.

Comme beaucoup
de femmes conjuguées,
elle ne s'impliquait guère
dans l'acte sexuel :
elle faisait ça vaginalement.

L'hospitalité féminine
Donnez-moi la peine d'entrer.

Désertion conjugale
Cela fera bientôt dix ans
que mon épouse
ne se présente plus
au rapport.

Notre amour,
j'y crois dur comme sexe.

Il y a entre nous
un achoppement,
un obstacle naturel
que je ne peux ni écarter
ni contourner :
cet obstacle, c'est vous.

J'ai envie de vous !
Venez !
Surtout, venez seule !
Sans fard, sans atours,
sans mémoire, sans contours.
Nue et non avenue.

Mes désirs font désordre.

L'amour sans
« s'il vous plaît ».
Sans « pardon ».
L'amour sans merci.

Puissions-nous faire l'amour
comme la guerre :
après l'avoir déclaré !

J'ai retrouvé la luxure perdue,
exhumé l'impudeur enfouie.
J'ai débusqué le vice caché.

Florilège érotique :
Supplices du jardin,
exhibitionnisme
des sous-bois,
fétichisme de la charentaise…
Mieux que des amuse-sexe,
essayez-les, ces authentiques
perversions sexuelles
dont je vous laisse
gracieusement la jouissance
pendant quarante jours.
Éprouvez-les.
Éprouvez-vous.
Vous mendierez
des nouvelles.

Je l'avoue et l'affiche
sans pudeur :
je suis un Voyeur !
Mais est-ce ma faute,
mon Dieu,
si vous m'avez fait avec
les yeux en face des trous ?

Car en amour,
l'accessoire
peut devenir primordial.

UNE VIE

À neuf mois,
j'ai été chassé
du paradis.

En dehors des murs
du couvent,
toutes les mères
sont supérieures.

On peut imaginer
la mort d'une mère,
mais pas l'envisager.

Je savais tout juste crier
quand mon père
m'a jeté par-dessus bord :
« Un môme à la mère ! »

Le père,
quand il n'était pas
dans son assiette,
c'est qu'il était dans son verre.

À mon père
je dois
d'avoir connu ma mère.

Une enfance sans histoire.
Sans conte ni fable.

Elle est terrible, l'enfance :
elle est bête, elle est veule,
elle est sans pitié.
Croyez-en
un ancien enfant repenti !

Une adolescence
piteuse et confuse,
accablée
par les forts en thème
et les forts en « je t'aime ».

Enfant, adolescent, adulte ;
bientôt vieillard :
et je n'aurai jamais quitté
l'âge ingrat.

D'éminents chercheurs
auraient isolé
« un échantillon représentatif »
de la population…
Moi qui me croyais unique,
irreproductible,
je serais « représentable »
en même temps que
cinquante mille
de mes congénères
par un unique,
un misérable individu
qu'on pourrait
en toute circonstance
nous substituer !
Tout à coup,
je me sens aussi superflu
et sursitaire
qu'un poil surnuméraire
à l'approche de l'été.

Je leur ai demandé
mon chemin.
Ils m'ont indiqué le leur.

À l'entrée, ils ont insisté
pour que je laisse ma vie
à la consigne :
« Vous la retrouverez
en sortant ! »
Je me méfiais :
je n'ai pas cédé.
Je me suis sauvé,
en la tenant bien serrée
contre moi, ma vie ;
et je l'ai enfouie précieusement
dans ma poche crevée.

Dès ma première rencontre,
j'ai su que c'était pour la vie.

Je n'ai rien contre personne,
ayant tout pour moi.

J'ai une haute opinion de moi
et le courage de mes opinions.

Je m'aime,
et cet amour est partagé.

Chez moi,
j'ai brisé tous les miroirs :
je n'aimais pas ma façon
de me regarder.

Ne gaspillez pas votre estime :
je suis inestimable.

Je serai populaire
comme la guerre.
Nécessaire comme le mal.

Je suis un incompris,
comprenez-vous ?

J'ai peur des gens :
un rien m'effraie.

Comique méprise

Cela me surprend toujours
lorsque les gens
m'adressent la parole :
« Bonjour ! »
« Vous désirez ? »
« Vous m'accorderez bien
une minute ? »
« Vous avez les papiers
du véhicule ? »
« Tu ne viens pas
te coucher ? »
« Quel étage ? » …
Je me dis :
« C'est étrange,
j'ai l'impression qu'ils me
prennent pour l'un des leurs. »

Quel jour sommes-nous ?
Je l'ignore.
Je ne sais pas même
quel jour je suis.

Quand ce fut mon tour,
aux Alcooliques anonymes,
ils m'ont dit :
« Vous aussi,
vous êtes alcoolique ? »
J'ai répondu :
« Non ! moi aussi,
je suis anonyme. »

Par galanterie,
j'ai laissé passer la chance.

Ne suis qu'un usager ;
un usager de la déroute.

Je me comprends,
mais je ne m'explique pas.

Je ne souffre plus :
ça faisait trop mal.

Je me consume
avec modération.

Mon heure a sonné :
je vais lui ouvrir.

J'ai rendu armes et bagages
et récupéré ma caution.
J'attends maintenant
sur le quai…
Je guette mon départ.

Je voudrais qu'on m'enterre,
comme le commun
des mortels,
dans la plus stricte intimité
- s'il y reste un peu de place.

C'est fini :
les fossoyeurs ont remonté
les cordes ;
je suis mort et enterré.
Enfin, je touche le fond.

Moi mort,
que vais-je devenir ?

Quand j'aurai enfin rendu
le dernier soupir,
on ne dira pas :
« Il n'est plus ! »
mais : « Il est encore moins ! »

Postérité
Les fées se pencheront
sur mon tombeau.

LE BONHEUR

Le bonheur existe :
je l'ai aperçu.

Beaucoup de bruit pour rien :
la fête bat son vide.

Loin d'eux.
Loin de la ville.
Loin de la multitude vile,
se recueille un malfêteur.

Dans le bonheur on nage.
On s'y noie aussi.

Bonheur partagé
Ne cherchez plus le bonheur,
nous l'avons trouvé !
Nous sommes heureux
pour vous.

Croyez bien que je compatis
à votre bonheur !

Je plains les gens heureux :
ils n'ont plus rien à espérer.

Un malheur est si vite arrivé.
Un bonheur est si vite parti.

Le bonheur,
ce n'est pas à emporter,
- ça ne se conserve pas -,
c'est à consommer sur place.

Nationale 7
Depuis qu'ils ont fait
l'autoroute,
on ne traverse plus
le Bonheur.

J'ai enfin rencontré
le Bonheur !
Il n'a pas eu l'air heureux
de me voir…

La route était tracée.
J'attendais le bonheur
comme on attend l'autobus
qui nous transportera.
Et j'ai vu défiler
tous les bonheurs complets.
Assez vu !
J'ai quitté l'abri,
quitté la route.
Je vais au petit bonheur.

Le bonheur est dans l'Après,
cours-y vite, cours-y vite !

LA CONVERSATION

Avant-propos
Qui donc a rompu le Silence ?
Qui est à l'origine
de tous nos mots ?

Mots doux :
Les mots me manquent :
je vais les retrouver.

L'instinct de conversation
Il y en a qui,
pour un oui ou pour un non,
sont prêts à vous déclarer
la conversation.

L'air de rien, insensiblement,
elle engageait la conversation.
J'ai coupé court
avant qu'on en vienne
aux mots.

La conversation et moi,
on se soutient mutuellement.

Ils se parlent
pour ne pas se regarder.

La vie ne tient qu'à un fil :
le fil de la conversation.

Comme l'araignée
tisse sa toile,
elle déroulait
le fil de sa conversation
pour mieux vous captiver.

S'il m'arrive,
exceptionnellement,
de placer un mot en société,
c'est au Scrabble® que je le dois.

Évitez de commencer
une phrase par :
« Si vous voulez mon avis… »
Vous risquez fort
de ne pas la finir.

Si on s'écoutait…
on ne s'entendrait plus.

Ne laissez la parole
que si vous êtes sûr
de pouvoir la reprendre.

On dit qu'il est
des pays merveilleux
où l'on torture les gens
pour les faire parler…
Ici, on les tuerait plutôt,
pour ne plus les entendre.

Les traîtres mots
On parle, on parle…
on oublie le danger !

Prenez garde !
À partir de cet instant,
tout ce que vous direz
pourra être retenu
contre vous !

J'ai cessé d'alimenter
la conversation.
Elle est morte d'inanition,
après une longue
agonie délirante.
Je n'ai pas eu un mot
pour elle.

LE DÉSIR

Puissé-je reprendre goût
à l'envie !

De grâce,
ne vous avancez pas !
Ne me dites pas
avec empressement :
« Vous désirez, monsieur ? »,
si vous n'êtes pas sûre
– absolument sûre –,
de pouvoir combler
mes désirs.

Il n'y a d'irrésistible
que ce qui nous résiste.

Le plaisir laisse à désirer.

Comme Prométhée
sur son rocher,
l'homme est condamné
à rester perché nu
sur la pointe de son désir.

La nostalgie,
c'est comme
un désir rétrospectif.

Il faut savoir se contenter
de ce qu'on n'a pas.

Je n'ai plus de désirs :
plus que des besoins.

DIALOGUES

- Vous voyez le feu rouge ?
J'habite à côté.
- Et quand il est vert ?

- C'est le docteur le Foll
qui vous suit ?
- Oui, mais là, je crois
qu'il est resté
à son cabinet.

- Vous me prenez
pour un imbécile ?
- Non,
mais je peux me tromper.

- Beau temps, n'est-ce pas ?
- Ah ! Vous avez remarqué :
rien ne vous échappe !

- C'est une femme réservée.
- À qui ?

- Il a bu : il n'est pas
dans son état normal…
- Si, justement !

- Je ne passerai pas te prendre
comme prévu : je suis pris.
- Tel est pris
qui croyait prendre.

Balade en forêt
- C'est encore loin,
où vous m'emmenez ?
- Non, à deux pas d'ici :
deux pas et six pieds
exactement.

- Vous n'avez pas l'air bien,
c'est votre premier vol ?
- Non, le dernier.

- Où trouverai-je
une mère porteuse ?
- Au salon du prêt-à-porter.

- Que faites-vous dans la vie ?
- Je me le demande.

- Vous saviez à quelle vitesse
vous rouliez,
monsieur l'automobiliste ?!
- Non, je n'ai pas fait
attention,
monsieur le gendarme.
- Moi non plus :
vous avez de la chance…

En voiture, Simone !
- Pouvez-vous m'expliquer,
monsieur l'Usager de la route,
la présence de ce cadavre ligoté
dans le coffre de votre véhicule ?
- C'est mon épouse,
monsieur l'agent,
une femme irréprochable !
Je ne voyage jamais
sans mon épouse.
- Ignorez-vous, monsieur,
que dans un véhicule,
la place du mort est à l'avant,
à côté du chauffeur.
- Entre nous, monsieur l'agent,
ma femme,
je n'ai jamais été capable
de la remettre à sa place…
- Permettez-moi, cher monsieur,
courtoisement mais fermement,
de vous rappeler
le code de bonne conduite :
« En toute circonstance,
le conducteur doit rester
maître dans son véhicule. »
- Je ne conteste pas l'infraction,
monsieur l'agent, je suis prêt
à faire amende honorable.
Vous m'accorderez cependant
que si elle n'est pas à la bonne
place, au moins ma passagère
est-elle bien attachée.

- Ça gagne combien
une voyante ?
- Des sommes astrologiques !

- Tu baises ?
- Nous vous remercions
de nous avoir abordée.
Nous nous réjouissons
vivement de l'intérêt
que vous nous portez.
Votre requête
a bien été prise en compte.
Nous allons l'examiner
attentivement
et nous efforcer d'y répondre
dans les meilleurs délais.
Si vous avez
d'autres questions,
n'hésitez pas
à nous en faire part.

- Je t'aime.
- Fais attention
à ce que tu dis !

- Tu m'as manqué.
- Beaucoup ?
- De peu.

- Je t'ai déjà dit non !
- Il ne te reste donc plus
qu'à dire oui.

- Tu as du chagrin ?
- Un peu.
- On partage ?

- Ma vie,
on dirait qu'elle va s'arrêter !
- C'est normal :
elle n'a pas été conçue
pour durer.

- Je vais mourir…
- Vas-y !… Je t'excuserai.

DICTIONNAIRE

J'ai un projet de dictionnaire.
Il est bien avancé :
j'ai déjà le plan.

Adam (n. p.)
Golden boy.

Addiction (n. f.)
Toutes les addictions finissent
par se payer.

Antisceptique (néolog.)
Médicament à l'usage de ceux
qui doutent de l'effet
des médicaments.

Aristocrate (n. m.)
Le dessus du panier
de la guillotine.

Avare (adj. et n.)
Dur d'oseille.

Aveugle (adj. et n.)
N'a plus les yeux
que pour pleurer.

Bedaine (n. f.)
Cache-sexe.

Boucher-charcutier (n. m.)
Boucher double.

Bové J. (n. p.)
Cereal killer.

Cafter (v. tr.)
Dénoncer un fraudeur
aux allocations familiales.

Chance (n. f.)
Elle peut vous sourire,
mais ça ne va jamais plus loin.

Cimetière (n. m.)
Espace vers.

Collabo (n. m.)
Plat de résistance.

Comme chacun sait (loc.)
Litote pour
« comme je suis le seul
à le savoir ».

Décoration (n. f.)
Insigne honneur.

Dessaouler (v. tr.)
Tirer les verres du nez.

Dock (n. m.)
Quai des brutes.

Espoir (n. m.)
Fait vivre…
ceux qui en vendent.

Exhibitionnisme (n. m.)
Découvert non autorisé.

Fessée (n. f.)
Thérapie de croupe.

Gouverner (v. tr.)
Mener en bateau.

Homme au foyer (loc.)
Mâle récurant.

Intello (adj. et n.)
Parle pour ne rien faire.

Ivrogne (n. m.)
Ne sait plus à quel vin
se saouler.

Job (n. m.)
Travail de pauvre.

Levrette (En) (loc.)
Loin des yeux, loin du cœur.

Lifting (n. m.)
Quand on se fait
tirer le portrait.

Maison close (loc.)
Immeuble de rapports.

Météorologue (n. m.)
Relève ce qui tombe.

Modestie (n. f.)
La fausse modestie,
c'est comme
les fausses perruques.

Paradis (n. m.)
Si beau,
qu'on n'en revient pas.

Pendu (n. m.)
Sous la corde raide.

Phallocrade (néolog.)
Sale mec.

Proxénète (n. m.)
Parasite de la prostituée.
Elle fait le trottoir,
lui, le macadam.

Psychanalyse (n. f.)
Tout sexeplique.

Public (n. m.)
Têtes à claques.

Rat (n. m.)
Dégoût.

Rime (n. f.)
Toujours plus riche
que le poète.

Satan (n. p.)
Un ange déchu qui a voulu
voler de ses propres ailes.

String (n. m.)
Coupe-vent.

Suicide (n. m.)
Parce que les plaisanteries
les plus courtes
sont les meilleures.

Temps (n. m.)
Passe-partout.

Ver solitaire (loc.)
Parasite du poète maudit.

Vieux (n. m.)
La plus répandue des espèces
en voie de disparition.

X (n. m.)
Mauvais parent
et mauvais bougre :
on ne compte plus les plaintes
dont il est l'objet.

LA FEMME

De ces femmes
qui vous jettent un regard
comme une pièce à un gueux.

Cette saison encore,
les femmes sont inabordables.

J'aime à dévisager
les passantes ;
surtout
lorsqu'elles sont passées.

Je suis tombé en admiration
derrière elles.

Quand elle m'a murmuré :
« Moi aussi, je t'aime »,
bien sûr, je ne l'ai pas crue.
Une coïncidence
comme celle-là,
ça n'arrive
qu'une fois par siècle !

Mon cœur, je le donnerai
volontiers et sans plus attendre
(je suis pour le don d'organe),
si vous me trouvez
une receveuse compatible.

Le voilà en couple :
il a mordu à l'âme sœur.

Encore une
qui ne voit pas plus loin
que le bout de son homme.

Les deux grandes menaces
pour l'homme :
les bruits de bottes
et les bruits de talons aiguilles.

Je voulais être médecin…
pour les voir.
Et je le suis…
pour les entendre.

Courtisane imparfaite,
je prenais mes désirs
pour vos réalités !

Contrairement à une croyance
de plus en plus répandue,
la femme ne fait pas partie
des droits de l'homme.

Ascension sociale
Agrippée à son clitoris,
en équilibre instable
sur ses petites lèvres,
la féministe tente
désespérément
de s'élever au-dessus
de son sexe.

De mâle en pis
En vain vous prêchez,
femmes remodelées,
femmes au goût du jour,
pour vos seins lilliputiens,
pour vos mesquines poitrines.
Je me voue aux seins
prospères, radieux, épanouis !
Seins oreillers, seins traversins,
soyez bénis
d'entre tous les seins !
Mignonne, couvez ce sein
où je ne saurais boire
tant qu'il ne sera éclos,
ce sein bourgeonnant,
- ce bouton de sein.

Des seins qui se pointent :
des seins qui brillent,
qui dardent leurs mamelons,
qui vous aiguillonnent,
vous éperonnent,
qui vous promettent
monts et merveilles…
Mais qui finissent toujours
par se faire la paire.

Ah ! ces bustiers pigeonnants !
De vrais pousse-au-vol !
au vol à l'étalage !

Mesdames,
vos courbes sont nos droites.

La ligne courbe
reste le plus court chemin
d'un homme à une femme.

Elle a su me persuader
en y mettant les formes.

Sur le fond, madame,
tout nous sépare.
Mais je vous rejoins
sur la forme.

Au fond,
je reste un coureur de formes
– de pures formes –,
parmi des coureurs de fond
qui courent pour la forme.

La tombe sexuelle
J'ai toute illusion perdue
à voir la bien-aimée
si lointaine,
tout faux espoir éconduit
à lui chercher vainement
amour,
à faire les cent pas
dans la cour :
non, les femmes
n'ont pas d'amants,
rien que des amoureux.

Elle promettait la lune
et c'est l'éclipse.

Comme certains céphalopodes
qui sécrètent une encre
les dérobant à la vue,
il leur arrive parfois,
à ces farouches créatures,
d'émettre un liquide onctueux
pour mieux vous glisser
entre les doigts.

Les poupées gonflables
sont encore celles
qui se dégonflent le moins.

Oh ! n'insultez jamais
une femme qui cède !
Qui sait sous quel fardeau
la pauvre âme succombe !

De guerre lasse,
j'allais abandonner la lutte,
lever le siège,
quand elle a fini par céder…
sous mon poids.

Les dames de mes pensées
Elles auront beau
m'éconduire,
me reconduire à la frontière
de leur intimité…
Elles auront beau m'envoyer
sur mes roses,
elles auront beau
me tourner le cul…
Elles ne m'ôteront pas l'envie
de leur chercher
des histoires d'amour.

LE MARIAGE

Le mariage : crime passionnel.

Quelle plus belle preuve
d'amour que le mariage ?
Preuve que pour l'être aimé,
on est réellement capable
de faire n'importe quoi.

Au petit bonheur
On ne se marie pas
par amour.
On se marie par hasard.

Immuablement,
à chaque mariage,
c'est en vain
- comme s'ils pissaient
dans un orgue -,
que les proches des victimes
s'acharnent sur leur klaxon
pour les avertir
de l'imminence
du terrible danger.

Je préfère les têtes
d'enterrement
aux têtes de mariage.

Même gay,
le mariage sera toujours triste.

Les foyéristes
Un enfant enfin !
Un petit, pour commencer.

Tragique méprise
Prenez garde, douces dames,
à ne pas confondre le bellâtre
avec l'homme au foyer.

Marri et femme
Lui, ses premiers mots :
« maman », « papa »…
Elle, ses premiers mots :
« oui »
et « mon mari ».

Le mot du commencement :
ce premier « oui »
lâché devant monsieur le curé,
qu'elle répètera
tantôt sous le plaisir,
jusqu'au paroxysme ;
puis de jour en jour,
d'une année à l'autre,
jusqu'à ce premier « non »,
claqué comme la fesse au nez :
le mot de la fin.

En se mariant,
l'homme se spécialise :
il devient le mari.
La femme se réalise :
elle devient la femme.

Elle tient plus à son couple
qu'à son mari.

L'homme :
le complément familial.

Elle le tient, son petit mari,
par le bout du sexe.
Elle ne le lâchera plus :
serré entre ses cuisses,
suspendu à ses lèvres.

Le devoir conjugal,
il le revendique comme
un droit, le mari,
accroché désespérément
à son petit privilège.
Mais jour après jour,
nuit après nuit
- inéluctablement -,
l'épouse remplace le devoir
par la leçon.

Année de mariage
après année de mariage,
le mari rentre
de plus en plus tard.
Puis un soir,
il ne rentre plus.

La veuve ordinaire
se console avec un caniche,
tandis que la femme fatale
remplace ses maris et amants
par une ménagerie.

Il laisse un grand vide
derrière lui :
sa veuve

Ce contrat d'exclusivité
réciproque entre époux
- marché privé
sans appel d'offres -
constitue une atteinte
caractérisée à la libre
concurrence,
une entrave intolérable
à l'épanouissement de tous.

Dans l'attente du jour J
comme Jouissance,
militons pour
la nationalisation des hommes
et des femmes privés ;
pour la réintroduction massive
dans l'espace sexuel public
des époux et épouses,
maîtres et maîtresses
de maison…
toutes espèces surprotégées
qui s'étiolent en captivité.

Pour la libre circulation
du plaisir et des hommes !

Le mariage :
vivre d'amour
et d'eau courante.

La rupture ou le mariage :
toutes les histoires d'amour
finissent mal.

Avec le temps,
ma chère et tendre…
de plus en plus chère,
de moins en moins tendre.

Ce n'est pas vous, madame,
mais vos formes
que je voudrais épouser,
comme le fait si bien
votre ravissante robe.

Familiarité
Vient le moment où les époux
sont devenus si proches,
si intimes,
si familiers…
qu'une relation sexuelle
leur apparaîtrait
comme un inceste.

Je ne cherche pas
la femme de ma vie,
celle-là, je l'ai trouvée ;
je cherche la femme
d'une autre vie.

L'amour, ne vous déplaise,
est un je ne sais qui.

L'HOMME

L'homme :
ce quelque chose
qui se prend pour quelqu'un.

L'homme :
un incident qui se reproduit.

L'homme, cet incongru.

Certes,
l'homme a vécu dans le péché,
mais ça fait longtemps
qu'il est descendu de l'arbre.

Être n'est pas
une raison d'être.

Dieu est sans pitié :
il a chassé l'homme
du paradis,
mais il n'a pas chassé
le paradis en l'homme.
Et sa créature va, souffrant,
comme l'aveugle qui a vu.

N'empêche
que si l'homme disparaissait,
il n'y aurait personne
pour le regretter.

Dans la civilisation du gadget,
l'homme n'est pas
le moins superflu.

Défoulement
Un jour comme les autres,
parmi la foule,
une foule comme les autres
- un peu plus dense,
peut-être -,
sait-on pourquoi l'on sort
une arme et l'on tire
pour se dégager ?

Je fuis la foule
des grandes villes,
gigantesque inflation
qui déprécie l'individu,
qui le discrédite, l'avilit.

L'*indifférence* de nos
semblables :
elle est écrite.

« Je n’aime que toi ! »
« Les autres me sont
indifférents ! »
L’amour,
c’est la mort de l’humanité.

Des hommes
on peut tout obtenir,
mais on ne doit rien attendre.

L’homme, surtout,
évitez de l’agiter :
il n’a pas un bon fond.

L’amour du prochain…
toujours remis
à une prochaine fois.

L'HUMOUR

Je fais de l'esprit,
en voulez-vous ?

J'ai de quoi rire.

La polysémie :
le plaisir des sens.

Le sens interdit
Il n'y a pas de choses
avec lesquelles
on ne plaisante pas.
Seulement des gens.

Sans l'humour,
la vie n'aurait aucun sens.

Comique out
C'est bien la nature qui
Est seule responsable si
Je suis un humo…
Comme ils disent.

Penaud
comme un amuseur précoce
qui tombe
sur une peine-à-sourire.

L'humour,
elle ne le goûtait pas,
elle ne le sentait pas non plus,
ni ne l'entendait,
elle ne pouvait pas le voir.
Elle n'avait aucun sens
de l'humour.

Il n'y a que l'humour
qui sauve.

Stand-up
Mon humour, pour vivre,
je l'aurais bien mis
sur le trottoir,
je l'aurais montré
à tous les passants,
je l'aurais monnayé
- comme les autres…
Mais on m'a dit :
« Ne vous donnez pas
cette peine :
vous êtes impayable ! »

Je ne suis pas d'humour
à plaisanter.

Le rire : un réflexe.
Le sourire : une réflexion.

Mon pauvre Humour !
Réduit en esclavage
par des marchands de plaisir,
exhibé
comme une bête de cirque,
jeté en pâture
à la foule déchaînée…
la Risée de tous !

Quand j'aurai atteint
l'humour absolu,
on ne rira plus de moi !

Le sourire est de rigueur…
On l'aimerait mieux
d'indulgence.

Les paroles s'envolent :
l'humour reste.

LA LIBERTÉ

Il restait une place de libre.
On l'a baptisée :
« Place de la Liberté ».

Comme l'air,
libre ou conditionné ?

Rendez leur liberté
aux portes condamnées
et vous verrez s'ouvrir
- et vous verrez sourire -
les portes de prison.

La Liberté :
la plus révolutionnaire
des Inventions.

Il en est mort d'innombrables
pour la Liberté…
qui, peut-être, l'ont trouvée.

Vivre libre ou mourir
La Liberté, poursuivez-la,
traquez-la,
mais surtout,
n'essayez pas de l'attraper :
vous ne la prendrez pas
vivante.

La Liberté
perpétuellement en cavale…
La Liberté court toujours.

J'ai rompu avec la Liberté
- maîtresse possessive,
abusive -,
et repris ma liberté.

LE SAVOIR

L'abus de savoir
Vous en savez trop :
vous allez mourir.

Sans les jeux télévisés
et radiophoniques,
combien de leçons
apprises pour rien !

Instruisez-vous, cultivez-vous,
mais surtout : vivez !
Ça vous apprendra !

Vulgarisation
C'est simple :
rien n'est simple.

Qui croire ?
Jacques Lacan qui affirme :
« Le trait unaire aliène le sujet
dans l'identification première
qui forme l'idéal du moi... »,
Roland Barthes qui soutient :
« Une substance plane
qui ne va nulle part,
et qui suspend ainsi
le devenir de l'homme,
le détache d'une raison,
d'une ustensilité des lieux... »,
ou maman, quand elle me dit
que si je mange trop
de chocolat,
j'aurai mal au ventre ?

« Préjugés de masse »
ou « sagesse populaire » ?
On évoquera de préférence
la « sagesse populaire »
si l'on se sent proche
du peuple,
et surtout, si on le sent
proche de soi.

J'aime bien aller
contre les idées reçues
pour m'y blottir.

Un touriste japonais
qui pose en souriant
devant la tour Eiffel,
ça, c'est un cliché !

Samedi 17 mai 2014,
10e édition
de la Nuit européenne
des musées
Plus de 3 000 musées
ont ouvert leurs portes
gratuitement
ce samedi soir, jusqu'à minuit.
On attend impatiemment
la 1re édition de la Nuit
européenne de la femme.

Ne dites pas au savant
qu'il est érudit :
vous ne lui apprendrez rien.

Égaré dans un musée,
je délaisse tableaux et statues,
leur préférant
l'énigmatique sourire vertical
d'une accorte visiteuse.
L'art incarné,
l'art en mouvement.

Au tableau,
je préfèrerai toujours
le modèle ;
L'œuvre de Dieu,
à celles de ses saints.

Perte de connaissances
La faculté vient
de perdre son doyen,
qui, lui-même, n'avait plus
toutes ses facultés.

C'est l'heure du zapping !
Devant la télévision, au lycée,
en famille, entre amis…
On ne saisit plus que des
propos sans queue ni tête :
dont on n'a pas entendu
le début,
dont on n'entendra pas la fin.

Allez savoir…
Vous n'en reviendrez pas.

LE TEMPS QUI PASSE

Méfiez-vous du temps :
il n'a l'air de rien…

Sens giratoire
La vie n'a qu'un sens :
le sens des aiguilles
d'une montre.

Écartez-vous, s'il vous plaît,
laissez passer le Temps !

Le temps ne fait que passer
- ne s'attarde pas.
Le temps presse :
seul reste
le temps qu'il nous reste.

A-t-on jamais demandé
au temps
s'il avait un laissez-passer ?

Supprimez les passe-temps,
le temps ne passera plus.

Duel contre la montre
On veut tuer le temps,
mais ce n'est pas le temps
qui nous manque,
c'est nous qui le manquons.

Adultère
Difficile de tromper le temps
quand il vous suit partout.

Travailleur indépendant
Le temps ne travaille
pour personne.
Le temps est à son décompte.

Temps de saison
24 heures par jour,
168 heures par semaines,
8760 heures par an !
Que d'heures ! que d'heures !
Que d'heures à retenir !
On a tout simplifié, comprimé.
À présent, Dieu merci,
il n'y a plus que deux heures
dans l'année :
l'heure d'été et l'heure d'hiver.

« Vous perdez votre temps »,
me lança-t-il,
en se baissant pour le ramasser.

LA VIEILLESSE

On vit de plus en plus vieux
- et de moins en moins jeune.

Elle peut encore plaire
à son âge.
Mais c'est à un autre âge
qu'elle voudrait plaire.

Il faut souffrir
pour avoir été belle.

Perte de connaissance
Il ne me reconnaît pas :
il a bien changé.

J'ai une agonie,
une fin de moi difficile.

Je perds la vue, l'ouïe, le goût,
mes dents, mes mots…
J'ai la vie qui baisse.

Je me fais vieux :
je me raconte, je me répands,
j'évioque.

La vieillesse est un naufrage…
C'est surtout une inondation.

À l'hospice,
nécessairement,
le vieillard est sous protection.
Il n'a pas même sa caisse,
comme le chat.
Il n'a plus d'existence propre.

À la fin,
ne pouvant plus se retenir,
on finit par s'oublier.

Courtoisie
Enterrés vivants,
les vieux envient
les résidents du jardin d'à côté
qui ont droit, une fois par an,
à la visite de la famille,
attentionnée et fleurie,
par une belle journée
de novembre.

Terminus
À bout de faiblesse,
parvenus à destination,
les vieux auraient bien voulu
descendre.
On ne leur en a pas laissé
le temps !
Que faire à présent
qu'on a dépassé la Mort ?

Espaces mûrs
Comme les poissons,
les vieux vivent en bancs,
dans les jardins publics,
pour le plaisir de tous,
respectés
- ainsi que les pelouses
et les fleurs.

Morte saison
Un bel été 2003,
14 947 vieux ne sont pas
rentrés de la plage.

Alzheimer de mère en fils
L'Alzheimer,
qui n'en finit plus ;
qui boit le calice
jusqu'à la folie.

Elle aura bientôt enterré
toute sa vie
dans ses trous de mémoire.

Ah ! si seulement les vieux,
las de se consumer,
se mettaient à consommer !
S'ils voulaient bien croquer
à plein dentier
le hamburger de la vie,
troquer leur pacemaker
ou leur prothèse de hanche
contre le nouvel iPad !
Alors, ils intéresseraient
les Marchands,
bien au-delà des sempiternels
fauteuils croulants,
conventions obsèques
et autres protections
rapprochées.
Réintégrés
avec le plus haut grade
dans l'armée
des consommateurs,
ils seraient bientôt
autant courtisés que la
ménagère de moins de 50 ans.
Le vieux, ça, c'est du cerveau
disponible !

Remède de vieille femme
Ma vieille maman,
je la gave de madeleines.
Il paraît que c'est bon
pour la mémoire.

Le vieux,
il prend ses souvenirs
pour des réalités.

Plus beau qu'un rire d'enfant :
le sourire d'un Alzheimer.

Achevé d'imprimer en juin 2014
sur les presses de la Nouvelle Imprimerie Laballery
58500 Clamecy
Dépôt légal : juin 2014
N° d'impression : 406068

Imprimé en France

La Nouvelle Imprimerie Laballery est titulaire de la marque Imprim'Vert®